国家出版基金项目
NATIONAL PUBLICATION FOUNDATION

U0625009

记住乡愁
——留给孩子们的中国民俗文化

刘魁立◎主编

第十一辑 生肖祥瑞辑

生肖马

杨 帆◎编著

本辑主编 张 勃

黑龙江少年儿童出版社

序

亲爱的小读者们，身为中国人，你们了解中华民族的民俗文化吗？如果有所了解的话，你们又了解多少呢？

或许，你们认为熟知那些过去的事情是大人们的事，我们小孩儿不容易弄懂，也没必要弄懂那些事情。

其实，传统民俗文化的内涵极为丰富，它既不神秘也不深奥，与每个人的关系十分密切，它随时随地围绕在我们身边，贯穿于整个人生的每一天。

中华民族有很多传统节日，每逢节日都有一些传统民俗文化活动，比如端午节吃粽子，听大人们讲屈原为国为民愤投汨罗江的故事；八月中秋望着圆圆的明月，遐想嫦娥奔月、吴刚伐桂的传说，等等。

我国是一个统一的多民族国家，有56个民族，每个民族都有丰富多彩的文化和风俗习惯，这些不同民族的民俗文化共同构筑了中国民俗文化。或许你们听说过藏族长篇史诗《格萨尔王传》

中格萨尔王的英雄气概、蒙古族智慧的化身——巴拉根仓的机智与诙谐、维吾尔族世界闻名的智者——阿凡提的睿智与幽默、壮族歌仙刘三姐的聪慧机敏与歌如泉涌……如果这些你们都有所了解，那就说明你们已经走进了中华民族传统民俗文化的王国。

你们也许看过京剧、木偶戏、皮影戏，看过踩高跷、耍龙灯，欣赏过威风锣鼓，这些都是我们中华民族为世界贡献的艺术珍品。你们或许也欣赏过中国古琴演奏，那是中华文化中的瑰宝。1977年9月5日美国发射的"旅行者1号"探测器上所载的向外太空传达人类声音的金光盘上面，就录制了我国古琴大师管平湖演奏的中国古琴名曲——《流水》。

北京天安门东西两侧设有太庙和社稷坛，那是旧时皇帝举行仪式祭祀祖先和祭祀谷神及土地的地方。另外，在北京城的南北东西四个方位建有天坛、地坛、日坛和月坛，这些地方曾经是皇帝率领百官祭拜天、地、日、月的神圣场所。这些仪式活动说明，我们中国人自古就认为自己是自然的组成部分，因而崇信自然、融入自然，与自然和谐相处。

如今民间仍保存的奉祀关公和妈祖的习俗，则体现了中国人崇尚仁义礼智信、进行自我道德教育的意愿，表达了祈望平安顺达和扶危救困的诉求。

小读者们，你们养过蚕宝宝吗？原产于中国的蚕，真称得上伟大的小生物。蚕宝宝的一生从芝麻粒儿大小的蚕卵算起，中间经历蚁蚕、蚕宝宝、结茧吐丝等过程，到破茧成蛾结束，总共四十余天，却能为我们贡献约一千米长的蚕丝。我国历史悠久的养蚕、丝绸织绣技术自西汉"丝绸之路"诞生那天起就成为东方文明的传播者和象征，为促进人类文明的发展做出了不可磨灭的贡献！

小读者们，你们到过烧造瓷器的窑口，见过工匠师傅们拉坯、上釉、烧窑吗？中国是瓷器的故乡，我们的陶瓷技艺同样为人类文明的发展做出了巨大贡献！中国的英文国名"China"，就是由英文"china"（瓷器）一词转义而来的。

中国的历法、二十四节气、珠算、中医知识体系，都是中华民族传统文化宝库中的珍品。

让我们深感骄傲的中国传统民俗文化博大精深、丰富多彩，课本中的内容是难以囊括的。每向这个领域多迈进一步，你们对历史的认知、对人生的感悟、对生活的热爱与奋斗就会更进一分。

作为中国人，无论你身在何处，那与生俱来的充满民族文化DNA的血液将伴随你的一生，乡音难改，乡情难忘，乡愁恒久。这是你的根，这是你的魂，这种民族文化的传统体现在你身上，是你身份的标识，也是我们作为中国人彼此认同的依据，它作为一种凝聚的力量，把我们整个中华民族大家庭紧紧地联系在一起。

《记住乡愁——留给孩子们的中国民俗文化》丛书，为小读者们全面介绍了传统民俗文化的丰富内容：包括民间史诗传说故事、传统民间节日、民间信仰、礼仪习俗、民间游戏、中国古代建筑技艺、民间手工艺……

各辑的主编、各册的作者，都是相关领域的专家。他们以适合儿童的文笔，选配大量图片，简约精当地介绍每一个专题，希望小读者们读来兴趣盎然、收获颇丰。

在你们阅读的过程中，也许你们的长辈会向你们说起他们曾经的往事，讲讲他们的"乡愁"。那时，你们也许会觉得生活充满了意趣。希望这套丛书能使你们更加珍爱中国的传统民俗文化，让你们为生为中国人而自豪，长大后为中华民族的伟大复兴做出自己的贡献！

亲爱的小读者们，祝你们健康快乐！

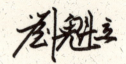

二〇一七年十二月

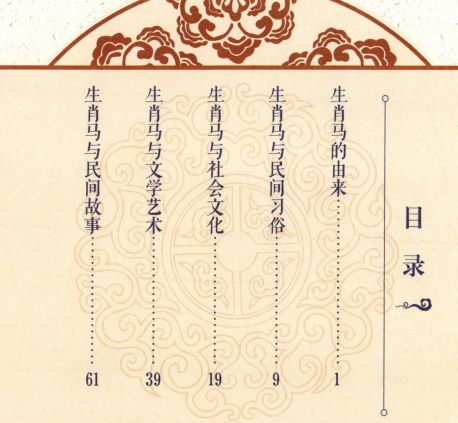

目 录

生肖马的由来

| 生肖马的由来 |

生肖是起源于我国的民俗文化，它的诞生与我国古代干支纪年法、阴阳五行说和动物崇拜等古老文化密切相关，并从诞生之初就与我们每个人紧密联系。因为生肖也称属相，而我们每个人从出生那天起就拥有自己的属相，所谓"全国十二个，人人有一个"，说的就是生肖。

具体来说，十二生肖就是鼠、牛、虎、兔、龙、蛇、马、羊、猴、鸡、狗、猪这十二种动物，它们分别对应十二地支中的子、丑、寅、卯、辰、巳、午、未、申、酉、戌、亥。比如"午马"，马在生肖排位中位列第七，在十二地支中对应"午"，故称"午马"。在时间上表示上午11点到下午1点的午时，也称"马时"。传说是因为午时太阳当顶，阳气达到极点，阴气也开始慢慢上升，这时一般动物都躺着休息，只有马还习惯站着，即使睡觉也是站着睡，从不躺着，所以午时就属马。

那马又是怎么成为生肖的呢？和其他生肖一样，生肖马的来历也流传着非常丰富的传说故事，其中最耳熟能详的当属天马的故事。

据传，古时候天上有一种长着一对翅膀的天马，

3

在地上能跑，在水里能游，在天上能飞，十分强悍，因此被玉帝收为御马，深受玉帝宠爱。久而久之，天马就仗着自己的能力和玉帝的宠爱，骄纵蛮横起来，时常胡作非为。有一天，天马走出天宫，硬要闯东海龙宫，被守宫的神龟带领虾兵蟹将全力阻挡下来，天马恼羞成怒，竟然将龙宫的神龟一脚踢死。东海龙王十分恼怒，就将此事上告到了天庭。玉帝得知后下令斩掉天马的一对翅膀，并将他压在昆仑山下三百年不能翻身。

天马被压在昆仑山下两百多年后，天宫玉马园的神仙得知人类的始祖——人祖要从昆仑山下经过，就告诉了天马这个消息，并教他如何请求人祖帮忙把它从昆仑

山下解救出来。于是，当看到人祖从昆仑山下经过时，天马就大声喊道："善良的人祖，求您快来救我，我愿同您一同前往人间为您效力。"人祖心生怜悯，就问天马该如何解救，天马按照神仙所说的方法，告诉人祖砍掉山顶的桃树即可，人祖欣然答应。只听一声巨响，山顶的桃树被砍掉，天马从昆仑山下一跃而出。

为了报答人祖的救命之恩，天马按照约定和人祖一同来到人间，为人类效劳出力，平时耕地、拉车、拉人、驮物样样不落，战时披甲备鞍、驰骋疆场，为人类出生入死，立下赫赫战功。从此，天马成为人间的马，和人类成为形影不离的好朋友。后来，在玉帝准备挑选十二种

动物来作为十二生肖时，马就成了人类推选的十二种动物之一，玉帝也觉得马的立功表现有助于人类，就把马选为了十二生肖之一。

民间传说固然是虚构的，但马与人类的亲密关系却是真实的。早在原始社会时期，马就是先民们最先饲养和驯化的动物之一，被驯化后的马温顺忠诚、聪明勇敢，且任劳任怨，在农耕、运输、交通或战场上，都是人类可靠的朋友和得力的助手，因而马也被称为"六畜之首"。

西周时期，马车成为贵族的专属座驾，驾驭马车则是贵族的必修课之一，拉车的马匹数量更是车主人地位的象征。很多壁画、石刻等艺术作品中也不乏马的形象存在，尤其是一些少数民族，更将马视为不可替代的伙伴，甚至作为图腾来崇拜。比如藏族就认为山神属马，并可以化身为马在草原上奔驰，因此流传下了"马年转山"的风俗。

不仅如此，马以其低调耐劳、忠诚勤恳和灵性飘逸的特性，在中华文化中也有着崇高的文化地位。仅从文字来看，以马为偏旁所造的字中，描述马的就有骊、骐、骍、骏、骓等19个字，不难看出马在古代文化中是备受青睐的。与马有关的成语也有很多，如一马当先、万马奔腾、马到成功、天马行空等，都是人们综合了马的健壮俊美、英姿勃勃和豪迈雄发的特征，寄予对生活的美好愿望而形成的，表达着奋斗不止、自强不息的精神。还有老马识途、犬马之劳、汗马功劳、义马救主等成语，都是中国古典文化对马的平静谦和、低调务实和忠义可嘉等性格的表述，也是人与马亲密关系的传达。除此以外，众多有关"千里马与伯乐"和"马遇知音"的故事中，都通过描写对马的渴求表达对良才的期许，这也是古人对马的一种情感寄予的表现，更是马在古代被赋予诸多文化含义的真实写照。

更直观的是，古代社会无论是官方还是民间都有祭祀马神的传统。官方讲究"春祭马祖，夏祭先牧，秋祭马社，冬祭马步"，也就是在一年四季中分别要祭祀天驷星、教人牧马的神灵、马厩中的土地神以及马带来的灾神这几种神灵。民间则流传着祭祀"马王爷"的习惯，即祭祀马神。每逢农历六月二十三是马王爷的生日，人们都要用全羊来祭祀，以求人畜平安。

马在传说中还与龙有着紧密关联，即"龙马"——一种古代传说中龙头马身的神兽。人们认为龙马出生于水中，是黄河的精灵，长着一对翅膀，它的出现是太平盛世的吉祥象征，因而深受人们崇拜。后来，龙马又被注入刚健、奔放、奋斗、自强等更多的文化内涵，对马的崇拜也从地上的坐骑上升为天上的神兽。马被神化为一种不眠的动物，所谓"在地为马，在天为龙"就是马崇拜的一种极致体现。

总而言之，千百年来那一幅幅天马行空、千金买骨的动人图景，和那份先民们传承下来的爱马之情，让马这一动物形象的文化内涵愈发丰富起来。这种内涵是马自身特性的体现，是我们中国人谦逊内敛的性格和奋发向上的人生态度的象征，也是自古以来我们之于马的审美、崇拜，以及人类与马的不解之缘的总结。正是由于这种内涵，在生肖文化诞生后，马才能理所当然地获得人们的认同，成为十二生肖的一部分，这是当之无愧的。

而从十二生肖当选的十二种动物来看，也不难发现这十二种动物都在不同程度上与人有着密切的关系。比如虎、兔、猴、鼠、蛇是野生动物中为人所熟知的，体现了动物与人之间敬畏、喜爱或厌恶的关系；龙则是人们想象中的灵物，在中国传统文化中象征着吉祥，地位极为崇高，自古就与我们中国人密不可分；另外六种生肖动物就是被古人称作"六畜"的牛、羊、马、猪、狗、鸡，马作为人类最早驯化的动物，与人类关系极为密切，入选十二生肖自然也就顺理成章了。

生肖马与民间习俗

| 生肖马与民间习俗 |

　　生肖作为我国的本土民俗文化，自古便与人们的生产生活紧密关联，并渗透到人们日常生活和社会生产的各个方面。和其他生肖一样，生肖马也如同一组代码，对人们的婚丧嫁娶和生老病死都以一种特殊的方式产生着潜移默化的影响，从而形成特色鲜明的风俗习惯。

一、生肖与纪年

　　生肖纪年是生肖与地支相融合的一种纪年方式，

| 三彩釉陶马 |

是古人利用生肖来表示年份的又一种办法。相比复杂的干支纪年法，用生肖来纪年显得更加简单便捷，连不识字的老农都用得十分得心应手。比如2014年，干支纪年法来表示就是甲午年，而"午"在十二生肖中对应"马"，所以2014年就是马年，也是目前离我们最近的马年。

生肖纪年在当代社会也一直得以延续。比如每逢春节，凡是有华人的地方，都会流传着"某年大吉"的吉祥话。不同的生肖年，"某"字就对应着不同的生肖动物。在这整个生肖年里春联、窗花、纪念品、电视广告、商场装饰等，都会围绕这种生肖动物来展开。

生肖纪年还衍生出属相这种记录人出生年份的方式。简而言之，哪个生肖年出生的人，他的属相就是哪个生肖。比如马年出生的人就属马，因而我们中国人往往不需要直接问年龄，通过询问属相就能推算对方的出生年份，分清年龄大小。

二、本命年习俗

本命年习俗是东汉以后形成的一种民间习俗。所谓"本命年"就是十二年一遇的农历属相年，出生在哪个属相年，那这个属相年就是自己的本命年，由于生肖属相是十二年一个轮回的，所以我们每隔十二年就会遇到一个本命年。如马年出生的人，每逢马年就都是他的本命年。

在民间，本命年又称"坎

儿年"，被认为是大凶的年份。对应属相的人度过本命年如同迈过人生中的一道坎儿一样，正所谓"本命年犯太岁，太岁当头坐，无喜必有祸"。所以，人们在本命年就有了很多的禁忌，并需要通过一系列仪式活动来趋吉避凶、免去灾祸。

比如马年生人最典型的禁忌就是在马年不能吃马肉，也不适宜出门远行、投资或出嫁娶亲等，平时的言行举止也要格外谨慎小心。最典型的仪式活动就是在本命年要"挂红躲灾"，如穿戴红内衣、红袜、红腰带，讲究的人还要佩戴一些红色装饰物。有些地方还流传着本命神信仰，每逢年初，人们都要向各自的本命神烧香礼拜，以求顺心如意和平安长寿。

此外，有些地方还忌讳在本命年的除夕晚上出门，要求处于本命年的人在除夕当天从太阳落山时起就要待在家里，直到第二天太阳升起才能出入自由，已婚男子最好还要有妻子的陪伴。

三、生肖与婚配

我国民间社会自古就有"合婚"的旧俗，就是事先问明男女双方的生肖属相和生辰八字，请算命先生合算属相和八字的相生相克情况，俗称"合八字"。生肖的相生相克是我国古代命理学家将十二地支对应十二生肖，引入阴阳五行当中形成的。由此得出的结论便是虎、兔属木，马、蛇属火，鼠、猪属水，猴、鸡属金，牛、龙、羊、狗属土，再经过复杂的推算，形成"六合六冲"的生肖匹配结果。

所谓"六合"，指的是鼠与牛为合、虎与猪为合、兔与狗为合、龙与鸡为合、蛇与猴为合、马与羊为合；"六冲"指的是鼠与马相冲、牛与羊相冲、虎与猴相冲、兔与鸡相冲、龙与狗相冲、蛇与猪相冲。所以古人选择结婚对象前就会根据这个规律，挑选生肖相合的人结婚，久而久之就有了"黑鼠黄牛正相合，青虎黑猪上等婚，黄龙白鸡更相投，红蛇白猴满堂红，红马黄羊两相随，青兔黄狗古来有"的适宜婚配的生肖民谣，以及"羊鼠相逢一旦休，从来白马怕青牛，蛇遇猛虎如刀断，猪遇猿猴不到头，龙逢兔儿云端去，金鸡见犬泪交流"这样不宜婚配的生肖歌诀。

值得注意的是，由于十二生肖都来自民间常见的动物形象，人们往往也会根据动物身上的自然特征和相互之间的自然关系，结合民间流行的俗语来判断某些生肖组合是否适合婚配。比如"鸡犬不宁""羊入虎口"就说明鸡和狗、羊和虎是不能匹配的。"龙马精神""若要富，蛇盘兔"则表示龙和马、蛇和兔是可以匹配的。

有些地区还认为相差四岁或八岁的生肖是天生吉配，所以民间以龙鼠猴、猪兔羊、虎马狗、蛇鸡牛的两两相配为上等婚。青海地区还根据这种生肖匹配流行"马前三煞，马后贵人"的说法，即按结婚当年的生肖来推算（"马前马后"的"马"

均指值年生肖）。如果结婚当年是马年，那十二生肖排在马前面的蛇，以及和蛇相配的鸡、牛，就属于要避开的三个生肖，不仅不能婚配，男女双方亲属中属这三个属相的人，从新娘出嫁到入洞房都不能与新娘接触。相反，排在马后面的羊，以及和羊相配的猪、兔，则是能带来吉利的生肖，护送新娘要用这三个生肖的人。

四、生肖与命运

在民间，人们经常把个人的命运、性格与生肖相关联。认为所属的生肖从出生时起就决定了属于这个生肖的人的命运和性格。比如我们能从手帕、卡片或书籍等物品上，经常看到"十马九凶""十马九苦"或"十马九不全"这样的说法，认为属马的人大多一生命运不顺，是个苦命人。

这种说法一部分源于古代宗教思想中的星命信仰，即认为天象和天体的运动会影响甚至决定人间的祸福吉凶。简单地说就是北斗七星对应十二地支，可以掌管人的生命和一生中的灾厄，而人的出生时间用十二地支来表示，所以出生时的命运就由对应的北斗七星来决定。还有一部分原因是我国自古就有的生辰八字的观念，认为命运天定，人在什么时间出生就会有什么样的命运。比如"猴年马月"中的"马月"，对应的是农历五月，而俗语认为，五月初五出生的人，男孩对父亲不利，女孩对母亲不利。

不仅如此，人们还通过对生肖动物的细致观察，将生肖动物的习性对应到属这个生肖的人身上。换句话说就是属哪个生肖，就会有哪个生肖动物的性格特点。比如属马的人，性格就像马一样积极进取、忠厚勇敢，又比如性格古灵精怪的人经常会被笑称"你属猴的吧"。

古代这种生肖决定命运和性格的说法对婚姻和生育还产生了非常大的影响。有些地方认为属马的人吉利，在婚姻上就会优先选择与属马的人婚配，而有些地方认为属马的人不吉利，则会想方设法避免和属马的人产生联系；再比如有些地方认为"女属羊守空房"，属羊的女子想要顺利出嫁就必须采取"羊头报马、羊尾报猴"

的办法隐瞒真实属相。在生育上，一些地方认为"不做牛、不做马"，觉得马年生人命运不好，就会刻意避开马年生孩子；一些地方认为"人属羊命不强"，也会避开羊年，赶在马年或推迟到猴年生孩子，这就是所谓的"羊年不利，殃及猴马"。

五、生肖与姓名和农业生产

姓名对于中国人来说也是十分重要的，它不仅仅是一个代号，其中还包含着长辈对孩子的期许与祝愿。正所谓"名不正言不顺"，因而古人认为名字取不好，可能对人的一生都会产生不利的影响。因此，当新生儿降临时，有些地方就会采用"生肖吉祥命名法"，根据生肖来选取合适的名字。比如属马的人，人们通常会选用"艹""木""禾""豆""米""土"等部首，而忌讳用"车""日""火""田""马"等字眼，这样的选择也和马的自然习性有着密切关系。

自古中国就是一个农业大国，生肖作为我国本土的民俗文化，自然也是扎根于农业生产，与农作物的收成有着不可分割的关系。比如我国有些地方就会根据生肖来辨别旱涝、丰歉和宜种什么庄稼等，因此也出现了"羊马年，广收田，防备鸡猴那二年"这类耳熟能详的谚语，意思是羊年、马年是农业大丰收的年份，适宜大规模进行各种农业生产，但鸡年、猴年就不行了。这与羊和马是人类最早饲养和驯化的动物有关。它们不仅与人类关系亲密友好，羊还为先民们提供了衣食之源，马更是作为六畜之首对早期的农业耕种做出了巨大的贡献。因而人们将羊和马视为吉祥、完美的象征，羊年、马年在农业生产上也属于吉祥年。

生肖马与社会文化

| 生肖马与社会文化 |

从生肖文化中延伸出的本命年信仰、生肖宿命论、生肖婚配等民间习俗，因为与每个人的切身利益都息息相关而格外受关注。这是生肖文化得以延续数千年而深植于我们中国人内心的原因，但生肖文化的魅力绝不止于此。生肖在千百年的传承过程中，早已融入人们的

衣食住行、婚丧嫁娶、游戏娱乐、名人逸事等社会文化的各个方面，成为人们记忆深处自愿遵从并津津乐道的文化符号。

一、衣食住行中的马

（一）与马有关的食物

在中国，吃马肉是很少见的。很多汉族人甚至都

| 铜马 |

21

不知道马肉是可以吃，但有些地方还是可以见到一些马肉菜品。如广西桂林的马肉米粉，相传马肉米粉源自于明朝时期当地壮族人吃马肉的传统，抗日战争时期各地往来桂林的人马较多，丰富了马肉的来源，马肉米粉就逐渐成了当地的一道招牌美食。不难想象每逢战争或缺少粮食的时期，有些人也会用马肉来充饥。

在海里，生长着许多与马有关的鱼类。比如头部长得像马头的海马和马头鱼，面部像长了张马脸的马面鱼，名称与马有关的马鲛鱼、马友鱼等。海马是比较少见的由雄性孕育后代的水生动物，有些地方认为用海马入药可以治疗小孩的疳积，也可以强身健体。

在蔬菜中，与马有关的有马齿苋、马萝卜、马蹄等。马齿苋因叶子的形状与马的牙齿相似而得名。有清热、解毒、凉血等作用，可食用，也可药用，还可以用作饲料，具有很高的营养价值和药用价值。马萝卜是辣根的俗称，用马萝卜的根部磨成酱，添加绿色素之后就成了餐桌上的芥末酱了。马蹄也就是荸荠，是一种水生植物的球形根茎，因外形酷似马蹄而得名。可作蔬菜烹煮，也能当水果生吃，还可以去皮后磨成马蹄粉，制成马蹄糕，而马蹄粉本身也是非常优质的淀粉。

在面食中，与马有关的有马耳、马蛋和面塑马等。马耳又称马肺，是一种用面粉做成的油炸面食，因其形状既像马的耳朵、又像马的肺部而得名。马蛋也是用面粉做的油炸面食，形状像球，表皮撒满芝麻，因而也叫麻球，马蛋是一种戏称，因其外形像马的睾丸而得名。面塑马是用面粉捏成马的样子，然后蒸熟的一种面食。每逢马年的时候，很多地方就流行捏面塑马，还有些地方流行制作外形酷似马蹄的马蹄馒头、马蹄包子等面食。

（二）与马有关的服饰用具

在古代，马衣是指用粗布缝制的短衣，一般是低贱的平民所穿的。现代说的马衣通常是指为帮助马匹御寒而穿在马身上的衣服。还有一种马衣是指川剧中的行头，即川剧舞台上表演者身上穿的演出服之一。

古人为方便骑马，骑马时要穿合适的衣服。比如战国时期赵武灵王推行"胡服骑射"，这里的"胡服"就是指游牧民族骑马穿的衣服，通常上身要穿衣身瘦窄的短装，下身还要穿分腿裤和皮靴。清代还流行一种"马褂"，就是一种骑马时穿在袍服外面的短衣，因便于骑马而得名"马褂"。现代人骑马也要穿戴专门的服装，比如马术防护衣、马靴、马

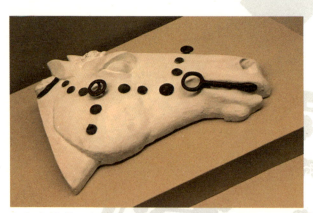

| 套在马嘴巴上的马嚼环 |

（三）与马有关的交通工具

马被人类驯服，最初就是由于看中它出色的脚力。换句话说，马匹本身自古就是一种非常重要的交通工具，所谓"快马加鞭"就是骑马快速奔驰。虽然马的脚力十分出色，但也不能连续奔跑太长时间，所以古代在一些交通要道上要隔一段距离设置一处驿站。驿站由专门的驿卒值班，它便于传递军事情报的官员途中换马，并为他们提供食宿的场所。

裤等，其中马靴也指长筒靴子，是非常流行的一种时尚皮靴。

为了更方便控制马匹，马的身上也要佩戴很多的马具。比如便于骑马人上马的马镫，便于骑马人坐稳的马鞍，便于控制马匹活动的马辔，保护马匹马蹄的马掌等，其中马鞍下面还要垫保护马背的马鞯。马辔则包括笼套、缰绳和套在马嘴巴上的马嚼环。

古代还有一种重要的交通工具就是马车。顾名思义，马车就是马拉的车子，用来载人或运货。我国马车的历史非常久远，相传是大禹时期的工匠奚仲在发明了车之后，改用马来拉车，从而发明了世界上第一辆两轮马车。后来奚仲擅长驯马的儿子吉光又改造了马车，所以他被后人称为"马神"。正因为马和马车是古代的主要交通工具，所以我国的道路也被称为"马路"。

后来又有了两匹马、四匹马或六匹马拉的马车。谚语"一言既出，驷马难追"的"驷马"就是指四匹马拉的车，而六匹马拉的车则是天子的专属座驾。

春秋战国时期，马车普遍用于战争，而且这种战车的数量还成了衡量一个国家实力的标准。如"千乘之国""万乘之国"。

后世用于交通运输的马车也发展出了很多的种类，如轺车、辎车、轩车、安车等，车轮也由最初的双轮马车发展到了四轮马车。直到火车、汽车出现后，马车的黄金时代才宣告结束。

（四）与马有关的地名

河南省地级市驻马店的地名由来，相传是因为驻马店在古代是交通要道，很多人要在这里驻马投宿而得名。唐代时，驻马店就是古代官员、差役中途休息和换马的地方。尤其是杨贵妃爱吃的荔枝从南方运到长安，驻马店是必经之地，在这里驻马歇息的人也就越来越多，驻马店也成了有名的驿城。到明代时，驻马店的驿站、马店和来往的人甚多，驻马店的名称也就正式形成。

此外还有浙江温州苍南县和山东临沂沂水县下辖的马站镇，相传也是因为此处在古代曾设有驿站，供人和马中转歇息而得名，因为马站指的就是古代陆地上的驿站。

云南有很多县城都有叫"马街"的集镇，一般都是因此地集市开市的日期对应十二生肖属于午（马）日而得名，因此有些地方还有鸡街、龙街等。曲靖市陆良县的马街名称还与马匹出售有关，因为明代时期曾有成群的战马流窜到此地，驻防马军无法将它们全部驱赶回营，所以就在此地设立马市将战马出售，后来来此地买马的人越来越多，因此被称为马街。

我国很多地方还有马神庙、马王庙，如北京昌平、怀柔、海淀、西城、东城等几个城区都曾有过祭祀马神的马神庙，但大多已损毁，只留下了地名。昌平居庸关马神庙是北京仅存的一座马神庙，里面供奉着一尊泥塑马神和马王殷郊、马王房星、马步神等十一位与马关系密切的神灵。北京还有很多与马有关的胡同，如观马胡同、马尾帽胡同、马厂胡同等。

山西晋中、阳泉和贵州贵阳至今还有马王庙，里面供奉的是三眼四臂的马王爷。传说马王爷是掌管六畜的神，六畜在农业社会对人们生活有着非常重要的作用，所以马王爷深受百姓崇拜。马王庙的民间地位也非常高，常年香火鼎盛，其中山西晋中的马王庙在明清时期还是办理马证的机关。

其他和马有关的地名或景观还有北京的中国马文化博物馆、内蒙古的奥威蒙元马文化生态旅游区、香港的跑马场等。

二、婚丧嫁娶中的马

（一）与马有关的婚俗

我国古代汉族地区流行"反马礼"的传统婚俗，指新郎家返还新娘嫁过来时乘坐的马匹，这是古代贵族们婚礼中的重要环节。按照规定，新郎要在完成婚礼后的三个月内，将拉新娘过来时所乘马车的马匹解下并送还新娘家，表示新娘会永远跟新郎在一起，不会被休回娘家。后来这项婚俗演化成今天的"回门礼"，也就是回娘家。

在今天湖北、四川一带，还流行男方要在迎亲当天祭告天地和车马神的婚俗，俗称"拦车马"或"回马车"。

因为传说新娘出嫁时，家中已故人员的灵魂会跟新娘一起出嫁，会给男方家里带来不利，因此要祭告天地和车马神，以驱除煞神。

东北地区则流行"踏马杌"的婚俗，即新娘在下车后，双脚不沾地，一路踩着马杌进屋，以求平安。这与古代汉族地区的"跨鞍"婚俗很相似，即新娘嫁过来时，在入门之前要先跨坐马鞍，然后才能登堂行礼。

陕西一带还流行"送金马"的婚俗，即定亲后，男方要送给女方一匹小金马或银马，经济条件不好的人家，则以黄布马代替，寓意马到成功。

青海地区则有"回马酒""拉马驹"的婚俗。回马酒是一种特殊的饮酒仪式，女方宾客在离开男方家后会勒马回头，回到男方家门前骑马喝酒，喝完离开，然后又返回再离开。拉马驹是青海土族地区的婚俗，意为"附加聘礼"，即女方送亲者和男方家在喜宴上商量附加聘金的一种婚礼仪式。依照旧俗，送亲者会拉走一匹三岁的马驹，由此得名"拉马驹"。青海河湟地区还有"马前三煞，马后贵人"的婚俗。

蒙古族流行"刁帽子"的婚俗。依照习俗，新郎要以马做定亲礼，并和接亲队骑马前往新娘家，接上新娘和送亲者一同返还，在途中接亲队和送亲者要进行争先到家的骑马比赛。为妨碍接亲队领先到家，送亲者会去抢新郎的帽子，挑在马鞭上或扔在地上，迫使新郎下马去捡；接亲队则要掩护新郎，同时在途中设置酒席，让送亲者下马喝酒，掩护接亲队趁机抢先到家。

贵州苗族地区流行"背马刀提亲"的婚俗，是一种特殊的定亲方式。依照习俗，青年男女在相爱后，双方家庭要进行三次议婚，通常三次议婚后才会有明确答复，若得到双方家长同意，男青年就要骑马背马刀前往女方家正式提亲，因为马刀是苗族驱赶野兽、战胜邪恶的吉祥物，只有背马刀提亲才会获得女方认可。

（二）与马有关的丧俗

以车马殉葬是我国古代贵族们普遍流行的丧葬习俗。因为用车马随葬是一种地位的象征，意在为死去的

贵族在阴间的生活提供便利。因而在先秦时期，地位稍高的贵族墓都会用车马殉葬，而且地位越高，殉葬的车马就越多。先秦时期的车马殉葬大多采用车马器或真正的车马，而秦汉时期则用车马器或铜制、陶制车马代替真车马随葬，比如秦始皇墓的兵马俑。

后来，用石马殉葬成为广泛流行的贵族丧葬习俗。

一般情况下，石马殉葬有两种方式，一种是将石马随同贵族墓主人一起葬入墓穴内，陪伴墓主亡灵；一种是准备一对石马，和石羊、神兽、文武官员石像等石像一同放置在墓前的神道两侧，为墓主守护安宁。

近现代社会也有用车马随葬的习俗，只不过不是用真车马、铜车马、陶车马或石马，而是用彩纸、竹条扎成的纸车马，俗称"扎彩"。扎彩根据死者的性别有所不同，通常是死者为男性，就扎纸车、纸马；死者为女性，就扎纸轿、纸牛。下葬之后（有些地方是在去世后第三天的晚上），剪掉拴在纸马腿上的绊马索，在坟前和纸车一同烧掉，送给去世的亡灵，俗称"焚车化马"。这是由古代车马殉葬演变而来的丧葬习俗。

三、节会祭祀中的马

我国古代流传一种说法，即女娲在正月初一到初七这七天里每日造一种生物。初一造鸡、初二造狗、初三造羊、初四造猪、初五造牛、初六造马、初七造人，所以民间就把这七天分别称为鸡日、狗日、羊日、猪日、牛日、马日和人日。在初六马日这天，人们要通过天气来占卜是否适宜养马，还要精心喂马，以求兴旺发达。

古代还流行马戏、马球等与马有关的娱乐活动。马戏即在马背上表演各种技艺，还要表演马术和驯马，包括骑马射红绣球、射柳和立马、跳马、拖马、献鞍、赶马等活动形式。马球起源于西藏地区，到了唐代打马球不仅成为帝王和贵族阶层强身健体的体育活动，在对外文化交流中也发挥了重大作用。

蒙古族是马背上的民族，每年农历八月底都要举行为期一天的马奶节和赛马节。节日当天，牧民们穿上节日盛装，骑着马、带着马奶酒赶赴指定的集会地点，

杀羊宰牛，准备节日食品。太阳升起时，赛马会开始，参赛马匹均为两岁的小马驹。赛马结束后举办宴会，人们畅饮马奶酒，伴着马头琴朗读节日诗、纵情歌唱，直到夜幕降临才散去。每年的清明节前后，牧民们还要剪马鬃、马尾用作编织绳艺的材料，俗称"打马鬃"，这也是一个牧民们每年期盼的热闹节日。

藏族也有赛马节，而且节期更长、形式更丰富。藏族还有"马年转山"的风俗，就是在藏历马年的时候，要举行盛大的转山仪式。转山是藏族表示宗教虔诚的一种方式，而藏族认为山神属马，可以化身为马在草原上奔驰，所以藏历马年的转山活动格外盛大。

哈萨克族、塔吉克族等少数民族还流行一种传统的马上叼羊游戏，即人们事先在草原上放一只羊，然后分成几队骑着马去争夺这只羊。抢到羊的人要面对其他队的激烈争夺，最终把羊叼到指定地点的人胜出，最后大家一起把羊烤熟分享。

此外，哈萨克族还有马上摔跤、骑马拔河等活动；藏族还有跑马捡哈达、跑马射箭等活动；苗族在每年农历四月二十六之后的第一个午（马）日和第一个未（羊）日则要举行羊马节，感恩羊马神；满族还有每年正月二十五的添仓节，用高粱秆编织一只小马插在高粱饭上放进仓库，寓意马往家驮粮食；佤族每逢春节都要用糯米饭喂马，并以马的朝向来占卜吉凶，头朝东为大吉，头朝西则不吉；香港人也爱赛马，每年农历大年初三是新年赛马日，若是马年则场面更盛大。

我国自古还有马日祭马和祭祀马神、马王爷的风俗。官方在春夏秋冬四季分别祭祀马祖、先牧、马社和马步这四位马神，民间则信仰马王爷，人们尊马王爷为掌管六畜之神，要在每年农历六月二十三以一只全羊为祭品祭祀马王爷，祈求六畜兴旺。东北地区满族还有供奉神马的旧俗。

四、名人和姓氏中的马
（一）生肖属马的名人

我国有这样一句谚语叫作"马年出天子"，因为在中国历史上马年一共出了二十八位皇帝，和龙年并列"生肖皇帝榜"的榜首，其中最有名的皇帝是成吉思汗和康熙。

成吉思汗，本名孛儿只斤·铁木真，大蒙古国的建立者，是世界史上杰出的政治家、军事家。1184 年前后，铁木真成为蒙古乞颜部可汗，1206 年，铁木真成功统一蒙古各部，建立大蒙古国，尊号"成吉思汗"，颁布《成吉思汗法典》。他是冷兵器时代闪电战的英雄。1227 年，一生征战无数的成吉思汗在征伐西夏的途中病逝，1265 年被其孙子元世祖忽必烈追尊为元太祖。

康熙，本名爱新觉罗·玄烨，是清朝第四位皇帝，庙号圣祖，在位期间取年号"康熙"。康熙八岁登基，十四岁亲政，在位六十一年，是中国历史上在位时间最长的皇帝。在位期间，康熙挫败权臣鳌拜，夺回朝廷大权，又坚持用兵平息三藩之乱，消灭台湾割据势力，征服噶尔丹，并战胜沙俄入侵，捍卫了国土完整和统一。同时施行仁政，与民休息，发展经济，奠定了康乾盛世的基础。让大清帝国成为当时世界上最强大、最富庶的国家，因而被认为是中国历史上最英明的帝王之一。

除了皇帝还有不少古今中外的名人也都属马。

康有为，原名祖诒，广东省广州府南海县人，人称"康南海"。他是我国晚清时期的政治家、思想家、教育家和书法家，也是近代中国资产阶级改良主义的代表，曾在广州设立万木草堂收徒讲学。得知《马关条约》签订后，康有为联合1300多名举人上万言书，即"公车上书"。1898年，协助光绪皇帝进行戊戌变法，失败后逃往日本。但后来组织保皇会反对革命，成为复辟运动的精神领袖之一，体现出历史倒退的一面。

在世界范围内也有很多属马的名人，比如列宁，他是著名的马克思主义者，是伟大的无产阶级革命家、政治家、理论家、思想家。他在继承马克思主义的基础上，形成了列宁主义，领导了俄国十月革命，被全世界的共产主义者公认为"国际无产阶级革命的伟大导师和精神领袖"。

罗斯福，他是美国第三十二任总统，也是美国历史上唯一一位蝉联四届的总统。在20世纪30年代的经济大萧条期间，罗斯福推行新政成功挽救了深陷经济危机的美国，让美国得以复苏。第二次世界大战期间，罗斯福是同盟国的重要领导人之一，对二战的胜利和战后世界秩序的重建做出了重要贡献，被学者评为美国最伟大的三位总统之一。

除此之外，近代民主革命家蔡锷、抗日名将冯玉祥、新中国开国大将罗瑞卿、现代教育家叶圣陶等都属马。

（二）百家姓中的马姓

马姓是我国百家姓之一，其主要源头普遍认为是战国时期赵国的宗室赵奢。赵奢因战功被赵惠文王封在马服（今邯郸），人称"马服君"，他的后代子孙便改姓"马服"，后来又改姓"马"，因此邯郸也成为马姓的祖源地。但除了这个源头，一些地方的马姓还与马或与马有关的官职有密切关系。

比如有的马姓源自西周时期的"马质"，即掌管马匹征收、检验马匹质量的官职。后来马质的后代子孙就以祖先官职改姓"马质"，后来又改为单姓"马"，相传至今。有的马姓源自春秋时期楚国的"巫马"，即专门给马匹治病的官职，多年之后其后代就以"巫马"为姓，再后来其中一部分后代又改姓"马"。有的马姓是源自商代的"马正"或周代到秦汉时期的"司马"，即主管国家兵马、负责军

务的官职，其后裔就以"司马"为姓，后经简化变成单姓的"马"。

生肖姓氏中有很多都是稀有姓氏，比如虎姓、兔姓的人全国不过数千人，相比之下，马姓人口早已超过1000万，位列全国大姓的前20位，大约1000个中国人中就有10个人姓马。从全国来看，马姓主要分布在河南、河北、山西、江苏四省，其中河南省为马姓第一大省。

作为历史悠久的古老姓氏之一，马姓在历史上出过很多名人，《中国人名大辞典》就收录了历代马姓名人371名，总数排在书中名人姓氏的第19位，包括很多的名将、文学家、美术家等。比如东汉名将马援、三国名

将马超、东汉名士马良、元曲四大家之一马致远、南宋画家马远、清代女画家马荃、五代十国时期南楚开国君主马殷、明太祖朱元璋皇后马皇后等。近现代也有很多马姓名人，比如著名教育家马寅初、资产阶级民主革命家马君武、抗日名将马占山等。

（三）名人与名马

自古无君不喜马，自古无将不爱马，自古无民不盼马。我国历代名人均以坐拥骏马为荣，如西周穆王拥八骏，唐太宗爱六骏，汉武帝为得汗血宝马甚至两次远征大宛。正所谓"英雄配宝马"，名人与名马总是紧密相连，共同演绎世代相传的美谈。

比如"人中吕布，马中赤兔"的赤兔马，就是广为人知的名马，在很多中国名马榜单上都名列前茅。赤兔马最早是董卓的坐骑，后来被董卓送给了吕布，吕布死后归曹操所有，曹操为招揽关羽，转手把赤兔马又送给了关羽。后来关羽凭借千里追风的赤兔马"千里走单骑"，过五关斩六将、斩严良诛文丑也都是依靠赤兔马的神速。关羽被杀后，孙权又将赤兔马赏赐给马忠，但赤兔马却思念旧主，绝食而死。

还有刘备的坐骑的卢马。这匹马速度奇快，曾背着刘备跳过几丈宽的檀溪，摆脱了后面的追兵，刘备因此逃过一劫。从此深受刘备宠爱，伴随刘备南征北战。南宋词人辛弃疾曾作诗称赞："马作的卢飞快，弓如霹雳弦惊。"

西楚霸王项羽的坐骑乌骓马也是赫赫有名的宝马，乌骓马通身乌黑，唯独四只马蹄处为白色，因此又称"踢雪乌骓"。相传，乌骓马原是一匹野性难驯的烈马，后被项羽的霸气折服，心甘情愿地供项羽驱使，陪伴项羽建立无数功勋，当时被称为"天下第一骏马"。后来项羽因兵败在乌江自刎后，乌骓马为表忠心也跳乌江而死。

唐代名将秦琼的坐骑黄骠马也是难得一遇的宝马。黄骠马就是带有白点的黄马，通常喂得再饱也是肋条显露在外，所以又称"透骨龙"。秦琼的黄骠马原是一匹养不肥的瘦马，被秦琼慧眼相中后，养得精壮，从此

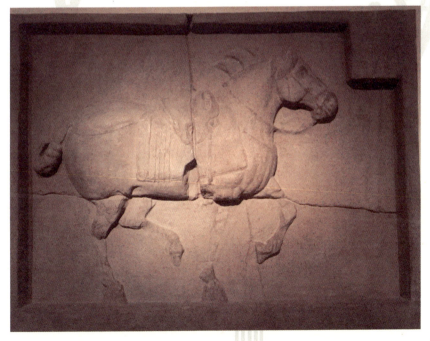

｜特勒骠是昭陵六骏之一｜

随他出生入死，并在秦琼坠崖时舍身救主，传为佳话。

其他名马还有曹操的坐骑爪黄飞电、绝影，赵云的坐骑赛龙鹊、照夜玉狮子，程咬金的坐骑铁甲枣骝马，尉迟恭的坐骑乌云宝马，还有周穆王的"八骏"绝地、翻羽、奔宵、越影、逾辉、超光、腾雾、挟翼，秦始皇的"七骏"追风、白兔、蹑景、犇电、飞翮、铜爵、神凫，以及唐太宗的"昭陵六骏"飒露紫、拳毛䯄、青骓、什伐赤、特勒骠、白蹄乌，都是千里绝群而富有传奇色彩的古代名驹。

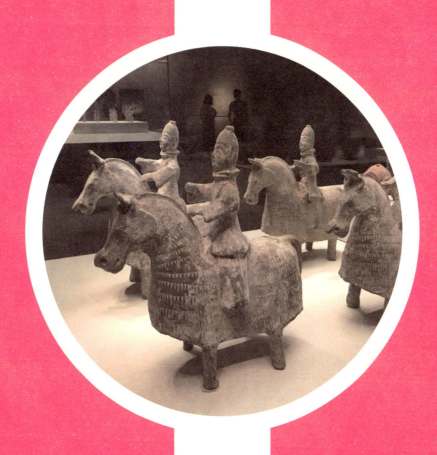

生肖马与文学艺术

| 生肖马与文学艺术 |

生肖文化以其丰富的故事性、民俗性融入中国传统社会的方方面面，也在这种融入过程中获得了极大的生存空间。比如马，自古在中国人的生活中，不论诗词歌赋、成语谚语，还是青铜美玉、绘画剪纸，都热衷于把马作为重要的表现对象，因此在存世的文学作品和艺术领域中都流传了不少的佳作。

一、文学作品中的马

（一）与马有关的诗词歌赋

1. 先秦·《诗经·小雅·白驹》（节选）

皎皎白驹，食我场苗。

絷之维之，以永今朝。

所谓伊人，于焉逍遥？

皎皎白驹，食我场藿。

絷之维之，以永今夕。

所谓伊人，于焉嘉客？

2. 先秦·《诗经·鲁颂·駉》（节选）

駉駉牡马，在坰之野。

薄言駉者，有骄有皇，

有骊有黄，以车彭彭。

思无疆思，马斯臧。

駉駉牡马，在坰之野。

薄言駉者，有骓有駓，

有骍有骐，以车伾伾。

思无期思，马斯才。

3. 战国·屈原《离骚》（节选）

乘骐骥以驰骋，

来吾导夫先路。

4. 汉·佚名《战城南》
（节选）

枭骑战斗死，
驽马徘徊鸣。

5. 三国·曹操《龟虽寿》
（节选）

老骥伏枥，志在千里。
烈士暮年，壮心不已。

6. 南北朝·鲍照《代出
自蓟北门行》（节选）

马毛缩如蝟，
角弓不可张。

7. 唐·李白《紫骝马》
（节选）

紫骝行且嘶，
双翻碧玉蹄。
临流不肯渡，
似惜锦障泥。

8. 唐·杜甫《房兵曹胡
马》（节选）

胡马大宛名，

锋棱瘦骨成。
竹批双耳峻，
风入四蹄轻。

9. 唐·李贺《马诗二十
三首·其四》

此马非凡马，
房星本是星。
向前敲瘦骨，
犹自带铜声。

10. 唐·白居易《卖骆马》

五年花下醉骑行，
临卖回头嘶一声。
项籍顾骓犹解叹，
乐天别骆岂无情。

11. 唐·杨师道《咏马》
（节选）

宝马权奇出未央，
雕鞍照曜紫金装。

12. 唐·孟郊《登科后》
（节选）

春风得意马蹄疾，
一日看尽长安花。

13. 唐·韩愈《马说》（节选）

世有伯乐，然后有千里马。千里马常有，而伯乐不常有。故虽有名马，祇辱于奴隶人之手，骈死于槽枥之间，不以千里称也。

14. 宋·辛弃疾《破阵子·为陈同甫赋壮词以寄之》（节选）

马作的卢飞快，
弓如霹雳弦惊。

15. 宋·苏辙《怀渑池寄子瞻兄》（节选）

遥想独游佳味少，
无方骓马但鸣嘶。

16. 元·马致远《天净沙·秋思》（节选）

枯藤老树昏鸦，
小桥流水人家，
古道西风瘦马。

17. 明·石茂华《九月九日登长城关》（节选）

鱼泽滩头嘶猎马，
省嵬城畔看黄河。

18. 清·纳兰性德《菩萨蛮·朔风吹散三更雪》（节选）

塞马一声嘶，
残星拂大旗。

19. 清·龚自珍《己亥杂诗·其二百二十》（节选）

九州生气恃风雷，
万马齐喑究可哀。

（二）与马有关的成语

1. 白马青丝

南朝梁大将侯景叛乱时乘着白马，士兵都穿着青衣，后人就以"白马青丝"来指叛乱的人。

2. 白马清流

唐朝末年，谋士李振怂恿朱温在白马驿屠杀大臣，并投尸黄河，意思是把自称清流的人投入浊流，后人就以"白马清流"来指政治排挤。

3. 指鹿为马

秦朝丞相赵高为试探自己的权威，在朝堂上指着一只鹿说是一匹马，看有多少人反对他，反对的人就除掉，后来就用"指鹿为马"来比喻故意颠倒黑白、混淆是非。

4. 塞翁失马

一位住在边塞的老人，有一次丢失了自己的马，过了几个月，丢失的马带着许多匹马回来了，后来就以"塞翁失马"来比喻坏事在一定条件下可以变为好事。

5. 老马识途

春秋时期，齐桓公在帮助燕国攻打孤竹时，因迷路放出老马，最终跟着老马找到了出路，后来就以"老马识途"来比喻有经验的人能熟悉情况，起到引导作用。

6. 马革裹尸

东汉名将马援为报朝廷，立志做个战死沙场、用马的皮革裹着尸体回来的有志男儿，后人就以"马革裹尸"来指军人报效祖国、征战沙场。

7. 天马行空

比喻天马神速，跑起来像是在空中飞一样，后来也用来比喻才思敏捷、文笔豪放，不受拘束，也指为人浮躁，不踏实。西汉时，汉武帝曾派使臣带上金银珠宝去西域大宛国换取这种"天马"，结果使臣被杀，汉武帝派出军队远征大宛国，取得三千匹天马。

8. 一马当先

原指作战时不畏艰难，

勇于策马冲锋在前，后来也比喻领先于其他人，或工作积极带头，走在人们前面。

9. 心猿意马

指心思好像猴子在跳、骏马在跑一样难以控制，形容心思飘忽不定、浮躁散乱，平静不下来。

10. 汗马功劳

东奔西跑，马都累出了汗，原指在战争中征战劳苦、立下功劳，现在泛指大的功劳。

11. 害群之马

原指危害马群的劣马，现在多比喻危害社会或集体的人。

12. 驷马难追

指说出去的话，四匹马拉的车都追不回来，比喻话说出口，就不能再收回，一定要说话算话。

13. 悬崖勒马

指在悬崖边上勒住马，比喻到了危险的边缘及时醒悟回头。

14. 单枪匹马

秦末楚汉战争中，项羽兵败，只剩一人骑着乌骓马突出重围，后来就以"单枪匹马"来形容打仗时一个人上阵，也比喻孤身一人单独行动。

15. 马到成功

原指征战时战马一到就获得胜利，后来也用以比喻事情进展顺利，刚开始就迅速取得成功，现常用来祝贺他人成功迅速而容易。

16. 青梅竹马

出自李白的诗"郎骑竹马来，绕床弄青梅"，比喻自幼亲密玩耍且一起长大的青年男女，形容天真、纯洁的感情长远深厚。

17. 厉兵秣马

原指把武器磨好,把战马喂饱,时刻准备战斗,现在泛指事前积极做好准备。

18. 马首是瞻

原指古代作战时,士兵要看主将的马头决定行动的方向,行事,后来用以比喻完全服从指挥或乐于追随、依附某人。

(三)与马有关的谜语

一只没头没心的鸟。(打一字)

谜底:马

成天一直骂,骂到两边都没有嘴。(打一字)

谜底:马

小两口一来就吵嘴。(打一字)

谜底:马

坐也是立,立也是立,

行也是立,卧也是立。(打一动物)

谜底:马

你坐我不坐,我行你不行,你睡躺得平,我睡站到明。(打一动物)

谜底:马

(四)与马有关的俗语谚语

一马不跨双鞍——比喻一女不嫁二夫,也指做人做事没有二心。

马屁拍在马腿上——比喻讨好人不到位,反而没有落好。

牛头不对马嘴——比喻做事不合逻辑。

人奔家乡马奔草——比喻人都恋惜自己的家乡。

人怕理,马怕鞭,蚊虫怕火烟——比喻每种事物都会有害怕的东西。

人靠衣裳马靠鞍——比喻合理科学的搭配才能事半功倍。

小马乍行嫌路窄——比喻刚入社会的年轻人总觉得缺少发挥的空间。

千里骡马一处牛——比喻人有局限性就会跟牛不服水土一样，只能在一个地方待着，没有局限的人才能像骡马一样不受拘束。

人要炼，马要骑——比喻人只有加强锻炼，才能进步。

人有失手，马有乱蹄——比喻人犯错误是难免的。

马上不知马下苦，饱汉不知饿汉饥——比喻处境好的人不能体会处境差的人的难处。

马上摔死英雄汉，河中淹死会水人——比喻能力强的人往往会因疏忽大意、掉以轻心导致失败。

马不打不奔，人不激不发——比喻人需要鼓励才能进步。

路遥知马力，日久见人心——比喻相处的时间久了，就会知道人心的善恶。

兵马未动，粮草先行——比喻做事之前，先做好准备工作。

拳头上立得人，胳膊上走得马——比喻为人清白，光明磊落，作风正派。

（五）与马有关的歇后语

马鞍套在驴背上——对不上号；乱套了。

矮子骑大马——上下为难；上下两难。

关羽斩华雄——马到成功。

半天云中跑马——露了马脚。

捉住毛驴当马骑——不识货。

爷俩看见马打架——大惊小怪。

城楼上看马打架——与我无关。

偷马贼挂佛珠——假正经。

一个马鞍上的人——同奔前程。

马缰绳拴羊头——路子不对。

野马进了套马杆——伸手（首）容易缩手（首）难。

赠马赠笼头——好事做到底。

马背上打电话——奇（骑）闻。

鞋里头跑马——没多大奔头。

小巷子赶马车——转不过弯来。

小娃娃骑木马——愿上不愿下。

马驹子拉车——上了套。

马槽边上的苍蝇——混饭吃。

马掌钉在马屁股上——离题（蹄）太远。

骑马不带鞭——拍马屁。

石板桥上跑马——不留痕迹。

绳索套在马颈上——身不由己。

瘸子骑瞎马——互相照应；各有所长。

秦叔宝的黄骠马——来头不小。

牛栏里伸进张马嘴——没你开口的份儿。

石马塞进车辕里——生搬硬套。

长颈鹿进马群——高出了头。

骑着驴骡思骏马，官居宰相望王侯——贪得无厌。

千里马拉犁耙——大材小用。

舍得买马，无钱置鞍——大处不算小处算。

牛耕田，马吃谷——一个受累，一个享福。

牛牵鼻子马抓鬃——抓住了关键。

马脖子上挂铜铃——走到哪儿，响到哪儿。

打着兔子跑了马——得不偿失。

拉来黄牛当马骑——穷凑合。

好马不吃回头草——倔强。

（四）与马有关的对联

扬鞭催骏马

把酒会春风

金蟒穿云去
紫骝踏雪来

尚存金蛇灵气
重振龙马精神

春到红鬃马上
喜临绿柳门前

金蛇狂舞九州景
骏马欢腾四海春

辞年喜饮三蛇酒
贺岁争描八骏图

春风万里辞蛇岁
笑语千家入马年

高天雪舞银蛇去
大地春归骏马来

山舞银蛇春光烂漫
原驰骏马节日欢腾

五谷丰登银蛇载誉去
百花争艳金马踏春来

竞舞龙蛇喜看九州开放
天翻地覆
争跨骐骥欢呼十载改革
国富民殷

岁序更新蛇归洞府畅述
辉煌成就
春风初度马跃神州喜奔
锦绣前程

二、艺术作品中的马

（一）与马有关的铜器

在我国历史上，以马为造型或装饰的青铜器屡见不鲜。如陕西甘泉县出土的

商代圆雕青铜马，陕西眉县出土的西周青铜盠驹尊，其中盠驹尊身上还刻有两处铭文。春秋战国时期青铜器上的马更多见，如春秋时期的虎马纹青铜挂钩、战国时期的青铜鎏银饮水马、双马纹环形青铜饰件、马钮青铜盉等，还有北京故宫博物院、湖北省博物馆、邯郸市博物馆、法国巴黎赛努齐博物馆等博物馆都珍藏着诸多战国青铜马，以及中国国家博物馆藏的战国踞马形青铜饰件、错金银马首形青铜辕和南京博物院馆藏的战国铜车马等。

秦汉时期也不乏传世珍品，如秦代秦始皇陵铜车马，西汉青铜饮水马、马形青铜饰件、骑士青铜带钩、四牛鎏金骑士铜贮贝器，还有东

汉的马踏飞燕、铜车马仪仗俑队等。汉代以后也有被誉为"中华第一青铜马"的襄阳三国青铜马、隋代的生肖四神十二生肖铜镜、唐代的鎏金青铜马、明代的马上封侯铜马和清代圆明园的马首铜像等铜马或铜车马器。

（二）与马有关的金银器、玉器

我国从商代时起就有了金银器，春秋时期又有了金银镶嵌工艺，但金银是贵重物品，以马为造型或装饰的器物都比较少见，到汉唐时期才开始丰富起来。不过传世的大多是鎏金或金银铜镶嵌的器物，如汉武帝陪葬墓出土的全身鎏金铜马、海昏侯墓出土的银质马腿，还有汉代鎏金翼马纹当卢、青铜错银马型油灯等。纯金

51

｜南北朝时期的马头鹿角形金步摇｜

｜唐代的鎏金舞马衔杯纹银壶｜

步摇、鎏金马镫和金奔马项饰，以及辽代的鎏金群鸟纹银马鞍、元代的卧鹿缠枝牡丹纹金马鞍、清代的铜鎏金马头金刚立像等。其他还有唐代的鎏金舞马衔杯纹银壶、鎏金歌舞狩猎纹八瓣银杯，十六国时期的鎏金木芯马镫，明代的漆金马王爷铜像等。

以马为题材的玉器最早出现在商代，但存世的玉马极少，且多为直立马，如中国国家博物馆馆藏的商王武丁时期的玉马和殷墟妇好墓出土的玉马，还有山西曲沃晋侯墓的西周玉马和山东曲阜鲁国故城遗址的战国玉马。汉代玉马多为卧马或仙人奔马，马身且长有一对羽翅，如西汉时期的白玉天马、白玉仙人奔马和美国哈佛大

纯银的器物并不多，如西汉纯金马蹄金、东汉纯银马饰等。古代北方游牧民族有更多与马相关的金银器，如南北朝时期的马头鹿角形金

学博物馆馆藏的汉代玉马首。唐宋时期是玉马的兴盛期，其风格偏向写实，如中国国家博物馆、故宫博物院、台北故宫博物院等多家博物馆都藏有这时期的玉卧马或玉马图摆件。元明清时期的玉马充满生活气息，形式丰富多样，如元代的白玉牧马人、马上封侯玉雕，明代的火烧玉卧马、白玉双卧马、玉鞍马和清代的白玉双骏书镇、青白玉高士玉马、青白玉嵌百宝瑞马图插屏、玉马车等。

（三）与马有关的陶瓷器、石器

陶瓷器也是我国传统艺术的重要载体，其中以马的形象的陶瓷器特色比较鲜明，各朝代风格互异。最广为人知的便是西安秦始皇兵马俑，其包含了大量形态逼真的陶马。陕西咸阳杨家湾也发掘出了包含大量彩绘陶马的西汉兵马俑，中国国家

| 殷墟妇好墓出土的玉马 |

| 彩绘骑马陶俑 |

博物馆还藏有东汉陶车马、北朝陶马，各地博物馆也有很多魏晋南北朝时期的骑马

武士陶俑、彩绘骑马陶俑等。隋唐时期出现了很多牵马、骑马、打马球的男女陶俑，其中很多都带有异域风情。2019年意大利归还我国的文物中也包含30余件大小各异的唐代陶马。唐代还出现了唐三彩马，如三彩黑釉陶马、三彩鞍马、三彩腾空马等，陕西、湖南等地还出土了很多隋唐时期马首人身的十二生肖陶俑。瓷马在隋

| 三彩黑釉陶马 |

唐以后较常见，如辽金宋时期的白釉瓷马、绿釉瓷马、青瓷马、白釉点彩瓷马人和江官屯窑瓷马，以及明代的白釉蓝彩瓷马、饲马图莲子青花瓷罐和清代的粉彩十二生肖纹鸟食罐、青花龙马纹碗等。

石马大多作为陪葬的石像生出现在贵族墓的墓外甬道或墓里面，是古代守卫陵墓的石像生之一。一般成对出现，也有单马或配牵马人的。这种石像最早见于秦汉时期，如西汉霍去病墓前的马踏匈奴、跃马、卧马，以及河北望都县东汉墓的彩绘石骑马人和东汉白马寺的驮经白马石雕等。汉代之后的石马，以西安碑林博物馆馆藏的魏晋时期大夏石马为代表，沿袭了汉代石马的风格特点。唐宋以后石马走向兴盛，如唐太宗昭陵六骏石像、

| 彩绘石骑马人 |

| 唐太宗昭陵六骏石像之一 |

西夏陵区的石马、岳王庙前的石马等，各地村落或古墓也都陆续有唐宋石马被发掘。明清时期的石像十分盛行，而且富人家的墓通常也有石像，因此近些年全国各地常有这时期的石马出土。

（四）与马有关的砖雕、绘画

马在砖雕、壁画等古代艺术品中也较为常见，如在汉代，车马出行图是画像砖非常常见的题材，流传下来的也较多见，如西汉的平索戏车车骑出行画像砖、东汉的辎车画像砖，以及其他各类御马图、车马图、出行图等画像砖。魏晋南北朝时期也有大量出行图、驿使图、狩猎图、牧马图、运粮图和战马图等与马相关的画像砖，其他时期的画像砖在陕西、河南、甘肃等地也都有发现。很多古墓或遗迹还有

| 陕西富平县唐墓壁画《马球图》 |

与马相关的壁画，如河北安平县东汉墓壁画《君车出行图》，甘肃敦煌莫高窟唐代壁画《狩猎出行图》和陕西富平县唐墓壁画《马球图》等。一些瓦当上也有不少关于马的雕刻，如中国国家博物馆馆藏的战国时期双骑士纹半瓦当。

我国马画的历史也非常悠久，早在原始社会时期，人们就在一些岩画、壁画中留下了骏马的英姿。从秦汉时起，马画艺术开始兴盛，帛画、漆画、壁画等都有大量关于马的作品，到魏晋南北朝时，马画成了一个专门的绘画科目，出现了毛惠远、顾恺之、陆探微等擅长画马的名家，流传下《装马谱》《洛神赋图》《游猎图》等知名画作。隋唐时期以展子虔、曹霸、韩干等人为代表的画马名家辈出，到宋元时期已形成画马的高峰，其中尤以元代画家赵孟頫的《浴马图》《饮马图》《滚尘马图卷》等作品为杰出代表。明清时期少有专门画马的名家，马多以画中故事的一部分出现，如明代画家仇英的《秋原猎骑图轴》，商喜的《宣宗行乐图》和清代画家郎世宁的《八骏图》等。近代画马名家以徐悲鸿最为典型，他被誉为"天下画马第一人"，创作了《奔马图》《群马》《八骏图》等马画佳作。

（五）与马有关的其他艺术作品

除上述艺术作品外，马在其他传统艺术中也都有体现，如新疆维吾尔自治区博物馆馆藏的东晋彩绘木马、湖北省博物馆馆藏的战国漆器彩绘人物车马出行图圆奁

等。我国传统棋类游戏象棋中也有马，宋元时期为庆贺新年、追求平安还流行铸造生肖钱，如宋元时期的本命元神生肖钱、明代的八卦十二生肖钱等都包含马。

现代也有许多类似生肖钱的生肖纪念币，而且一到马年，关于马的生肖纪念币、生肖卡、生肖剪纸、生肖年画等，就会走进中华大地的家家户户，成为人们追求新年新气象的一种体现。1980年，中国邮政还发行了第一套生肖邮票，其中生肖马邮票至今已发行过三次，最近一次是在2014年的马年，内容取自秦代陶马、汉代铜马、唐代三彩马等各种马。在2017年苏州全国生肖集邮新作展上，就展出了很多生肖马邮票。

| 生肖马邮票 |

此外，《相马经》《司牧安骥集》《元亨疗马集》《马书》《画马》《马业》等，都是各时期有关相马、养马、医马、画马的书籍。京剧《红鬃烈马》、秦腔《火焰驹》、二胡曲《赛马》、话剧《黑骏马》、电影《十二生肖》、动画片《十二生肖的故事》等，则是与马相关的戏剧影视作品。

生肖马与民间故事

| 生肖马与民间故事 |

马是人类生产生活中必不可少的可靠伙伴，与人类有着密切的关系，因而在千百年的历史传承中，就形成了诸多有关于马的神话传说和历史故事。

一、马为什么排在生肖第七位

传说很久以前，仙界要选十二种动物来作为生肖，就让所有动物在大年初一这天来报到，先到的十二种动物就当选为十二生肖。得到消息后，各种动物从四面八方争相赶来，千里马神风也不例外。

在朝仙宫飞奔时，神风忽然听见了哭声，便想去探个究竟，结果发现一个到处是尸体的村庄，很多人都在哭泣。神风觉得奇怪，就向一位老奶奶打听，才知道原来这里发生了瘟疫。神风说："没有药可以治吗？"老奶奶回答："有倒是有，可是这药实在难得的很。"神风就问是什么药，老奶奶告诉它是宝芝山上的宝芝泉水，但泉边有一只催眠猫，会给上山取水的人催眠，然后杀掉。

救人心切的神风没有害怕，向老奶奶要了一个空葫芦挂在脖子上，奔向了宝芝山。到了宝芝山，神风闻到一股花香味后就马上开始犯困，于是使劲地摇头、跑跳，努力让自己不被催眠。但催眠猫突然出现伸出利爪攻击神风，神风后脚用力一蹬，将催眠猫撞在树上昏了过去，并趁机跑到宝芝泉边装满泉水。正要返回时，后腿却被催眠猫咬伤，幸好神风急中生智，用嘴衔起一块石头砸中了催眠猫的眼睛，这才把腿伸进泉水中治好了腿伤，朝村庄奔去。

到了村庄，神风把泉水交给老奶奶，老奶奶将泉水掺进井水后，神风就驮着水给人们送去，人们喝了井水后纷纷痊愈，而神风却早已不见。

原来神风是去仙宫报到了，但由于路上耽误了时间，神风是第七个才到的，因此就排在了生肖的第七位。

二、田螺岭和马坡岭的传说

相传，赣州在建城时，有匹马在贡水边与一田螺偶遇，便邀田螺到赣州城去添一处胜境，并约定先进城者为尊，后进城者为卑。为表示公平，马让田螺先行一步，只见田螺爬了大半个时辰也才走了不到五尺的距离。马非常得意，告别田螺后向赣州城奔去。

这时，田螺看见一溜木排顺流而下，便滚入河中爬上木排，顺着木排到了赣州城下，又趁机滚入挑水人的水桶，被挑着进了城，被那人发现后随手一扔扔在了城区西北，田螺就在此添了一座田螺岭。马却走了很多弯路，到东门城下时，天已经黑了，城门也关了，只好在城外休息，心想田螺肯定还在后面慢慢爬，明天入城也不迟。忽然，田螺在岭上高呼："马大哥，委屈你做个东门卫士吧。"马这才知道田螺早已入城，后悔不已，却也只好卧在赣州城东门外。从此，赣州城东门外就有了一座马坡岭。

三、阿掀山下的白马

相传，居住在阿掀山下的村民一直都很平安无事，直到有一年，村民的牲畜经常在夜里莫名其妙地丢失，就算夜里安排人值班都没有效果。惊恐的村民只好去附近的卧佛寺求卧佛保佑，于是住持便派僧人夜间到村里值班，幸运的是，村里的牲畜果然不再丢失了。

但第三天，值班僧人因有事提前回到寺里，却发现寺里的白马全身湿漉漉，且非常疲惫的样子。僧人感到十分奇怪，就告诉了住持，住持决定在夜里和僧人们一起暗中观察那匹白马。只见半夜时，白马趁周围没人，抖掉缰绳后走出马棚，然后腾空飞了出去。住持和僧人们偷偷跟着白马一路来到了阿掀山的山谷之中，发现白马正和一条大蟒蛇缠斗在一起，最终蟒蛇被白马死死踏住不再动弹，白马随即也瘫倒在地。等僧人们回过神来时，天已经亮了，于是住持带领僧人们找到了蟒蛇洞，在蟒蛇洞里发现了丢失动物的骨头。

原来白马在村民们到卧

佛寺祈祷的时候，听到了动物离奇丢失的消息，猜到那些丢失的动物是被这只蟒蛇吃掉的，于是就挺身而出，制服了这只蟒蛇。后来，僧人们把白马抬回寺里，清洗干净后葬在了不远处的山腰上。村民们听说了白马的侠义之举，也十分感激白马，并将白马造福村民的故事代代流传。

四、马神庙的传说

传说在明朝末年，明朝大将袁崇焕曾赠送给另一位将军祖大寿一匹非常强悍的战马，名字叫"赛赤兔"，后来袁崇焕被杀，祖大寿因弹尽粮绝被迫向清兵投降。就在投降的那天中午，这匹叫赛赤兔的战马挣脱了缰绳，逃出马圈，一路向着明朝的首都北京方向飞奔而去。但刚出西门，赛赤兔就被祖大寿的亲兵发现了，亲兵们马上组织围堵拦截，却怎么也拦不住它，最终只好将它抓住。被抓后的赛赤兔依然不放弃，连踢带咬就是不肯回城，亲兵们只好用铁链把它捆在旁边的大树上，然后去向祖大寿报告。祖大寿也想不出办法，只能派马夫到那儿去喂它，谁知赛赤兔却不吃不喝，望着北京的方向悲鸣不已，表明忠心不叛。最终悲鸣了三天三宿后，赛赤兔的眼、鼻、口一起流血而死。

后来，人们在它死去的地方修了座庙叫马神庙。庙外有首四言诗："人不如兽，官不如马。人已绝情，官却降清。兽尚知义，马能尽忠。"以此纪念它的忠贞。

五、马头琴的来历

传说很久以前，在阿拉腾敖拉山麓有一个银色的月亮湖，湖畔住着一个叫苏和的小牧民。有一天，苏和在出来放牧时做了一个奇怪的梦，他梦到天上飞来一个漂亮姑娘，告诉他湖的北边有一匹白马，可以去牵回家，说完就化作一道白光不见了。苏和随即惊醒，发现湖的北边果然有一匹白马，便将白马带回了家，从此成为形影不离的伙伴。

后来，有个王爷因苏和骑白马帮王府的士兵活捉了一只梅花鹿，而十分想得到这匹白马，就设计要举办那达幕大会，并准备了丰厚的奖品。苏和骑着白马参加了比赛，并获得了第一，但王爷却要求苏和把白马留下，才会赏给他一只羊，结果被苏和拒绝。于是，王爷就命人把苏和绑起来，将白马牵回了王府。

王爷得到白马后如获至

| 马头琴 |

宝，正要骑上白马炫耀一番时，却被白马摔下来，白马趁机逃离了王府。王爷随即派士兵去追赶，但白马速度奇快，士兵们追不上便向白马射毒箭，身中数箭的白马很快消失在他们眼前，回到了苏和身边。苏和发现白马身中数发毒箭后伤心不已，没一会儿，白马就因伤势过重死去了。失去白马后，苏和整天无精打采，忽然有一天，他梦到白马对他说："主人哟，你不要伤心落泪了，你用我的皮、骨、鬃、尾做一把琴吧，让我永远陪在你身边。"于是，苏和就按白马说的做了一把琴，并在琴杆上照白马的样子雕刻了一个马头，起名叫"马头琴"，从此带在身边，每当想起白马时他就会拉起马头琴。

六、蚕神马头娘

传说上古时代，有一位父亲出外征战，家里只留下一个女儿和女儿养的一匹公马。一天，女儿思念父亲，就对公马说："如果你能帮我把父亲接回来，我就嫁给你。"谁知公马听了之后，真的把她父亲接了回来，然而女儿却忘了自己说过的话。因此，任凭她父亲怎么精心照顾公马，公马都不吃不喝，只在看到她时才不停地高声嘶喊。父亲感到非常奇怪，就责问女儿，这才知道事情的原委，于是就杀了那匹公马，并将马皮挂在院中。

后来父亲再次出征，女儿在马皮旁玩耍时，用脚尖踢着马皮说："你本来只是一头畜生，却想娶人类的女子为妻，结果落得剥皮的下场，这又是何必呢？"忽然，马皮跳起来卷起她就跑了，归来的父亲在一棵大树上发现了他们的踪迹，但她和马皮都已化成了一颗蚕茧，结在高高的树枝上吐丝。后来，乡亲们就把这种树叫作桑树，因为"桑"与"丧"同音，而女儿就是在这种树上化身蚕茧的。

有一天，蚕女骑着这匹公马从天而降，对伤心欲绝的父亲说："请不必为女儿伤心，天帝已封我为蚕神，我在天界过得很好。"说完又骑马飞天而去，于是各地纷纷盖起蚕神庙，供奉身披马皮的蚕神，俗称"马头娘"，祈求农桑丰收。

七、伯乐相马

相传，天上管理马匹的神仙叫伯乐，因此人间也将能辨别马匹优劣的人称为伯乐。春秋时期的孙阳便是这样一位伯乐，而且久而久之，伯乐这一称号取代了他的名字，被人们广为称呼。

有一次，楚王要求伯乐替他寻找可以日行千里的良马，伯乐表示良马易寻、千里马难得，不可着急。果然，伯乐走遍盛产名马的国家，却始终没有找到理想的千里马。后来，伯乐偶遇一辆盐车在爬陡坡，拉车的马看起来每走一步都十分吃力，但当伯乐走近这匹马时，它突然瞪大眼睛昂起头大声嘶鸣，伯乐从它的叫声中立刻判断出这就是他要找的千里马，只要好好驯养就行。于是，伯乐跟驾车的人达成协议，买下了这匹马，并将这匹马带到楚王面前。

楚王看到这是一匹瘦得不成样的马，十分不高兴，抱怨伯乐辜负了他的信任。伯乐连忙解释："这的确是匹千里马，只不过它长期被用来拉车送货，又喂养得不精心，所以才发挥不出优势，只要精心喂养，它就能成为真正的千里马。"

于是楚王就将这匹马交给马夫精心饲养，果然没几日这匹马就变成了精壮强健的千里马。从此，这匹千里马就陪伴楚王驰骋沙场，立下赫赫战功，楚王对伯乐也更加敬重。

| 三彩绞釉狩猎骑俑 |

图书在版编目（CIP）数据

生肖马 / 杨帆编著 ；张勃本辑主编. -- 哈尔滨：黑龙江少年儿童出版社，2020.2（2021.8 重印）
（记住乡愁 ： 留给孩子们的中国民俗文化 / 刘魁立主编. 第十一辑，生肖祥瑞辑）
ISBN 978-7-5319-6461-2

Ⅰ．①生… Ⅱ．①杨… ②张… Ⅲ．①十二生肖—青少年读物 Ⅳ．①K892.21-49

中国版本图书馆CIP数据核字(2019)第293955号

记住乡愁——留给孩子们的中国民俗文化　　　　刘魁立◎主编
第十一辑 生肖祥瑞辑　　　　　　　　　　　　　张　勃◎本辑主编

生肖马 SHENGXIAO MA　　　　　　　　杨　帆◎编著

出 版 人：商　亮
项目策划：张立新　刘伟波
项目统筹：华　汉
责任编辑：梁　毅
整体设计：文思天纵
责任印制：李　妍　王　刚
出版发行：黑龙江少年儿童出版社
　　　　　（黑龙江省哈尔滨市南岗区宣庆小区8号楼 150090）
网　　址：www.lsbook.com.cn
经　　销：全国新华书店
印　　装：北京一鑫印务有限责任公司
开　　本：787 mm×1092 mm　1/16
印　　张：5
字　　数：50千
书　　号：ISBN 978-7-5319-6461-2
版　　次：2020年2月第1版
印　　次：2021年8月第2次印刷
定　　价：35.00元